AF590529

TESTAMENT
POLITIQUE
DE MILORD
BOLINGBROKE,
ÉCRIT PAR LUI-MÊME;
OU
CONSIDERATIONS
SUR L'ÉTAT PRESENT
DE LA GRANDE-BRETAGNE,

Principalement par rapport aux Taxes & aux Dettes nationales, leurs Causes & leurs Conséquences.

TRADUIT DE L'ANGLOIS.

Mihi autem non minori Curæ est qualis Respublica post mortem meam futura sit, quam qualis hodie sit. Cic. in Læl.

A LONDRES.

M. DCC. LIV.

AVERTISSEMENT.

CE petit Ecrit de Milord BOLINGBROKE, est plutôt un Fragment qu'un Ouvrage complet. Il le commença en 1749 ; mais la maladie longue & douloureuse, dont il est mort en 1751, ne lui laissant plus gueres de relâche, il ne put y mettre la derniere main.

Ce Morceau n'en sera pas moins intéressant, pour quiconque aura la louable curiosité de connoître l'état & les ressources d'une Nation voisine, dans une partie aussi essentielle que celle des Finances. L'aridité apparente de la matiere, ne doit pas rebuter un Lecteur sensé. Milord Bolingbroke ne s'est noyé ni dans les calculs, ni dans les détails. Il a saisi l'ensemble, & n'a présenté que les grands points de vûe. Le rapport intime, & si nécessaire, entre le systême des Finances & les autres branches du Gouvernement, a fourni à l'Auteur, des occasions fréquentes de varier son sujet. La peinture peu flatée qu'il y fait, de quelques administrations connues, doit exciter l'attention du Lecteur.

C'est un Testament politique, d'autant plus précieux à la postérité, qu'il appartient, sans contestation, au célebre Ministre dont il porte le nom; que c'est le dernier gage de son amour pour sa Patrie; qu'il est plein de leçons utiles à tous les Princes & appliquables à tous les Gouvernemens;

que, loin d'y donner des préceptes pour opprimer ou pour détruire le genre humain, Milord Bolingbroke y réduit toutes ses instructions à une méthode purement économique, & à-peu-près défensive; qu'enfin le Ministre y est toujours subordonné à l'homme, au Citoyen, au Philosophe.

TESTAMENT POLITIQUE *DE MILORD* BOLINGBROKE.

OUS voilà enfin délivrés d'une Guerre la moins heureuse & la plus dispendieuse que nous ayons jamais faite. Nous avions pris part, soixante ans de suite, comme principaux Acteurs, dans toutes les autres Guerres & Négociations du

continent. Il eſt tems aſſurément de tourner ſur nous-mêmes toute notre attention, & de conſidérer l'état préſent de notre Patrie par rapport aux Taxes, & aux Dettes dont elle eſt accablée; la nature & l'emploi de celles-là, l'origine & le progrès de celles-ci; la néceſſité & les moyens de diminuer les unes & les autres.

La révolution arrivée dans notre Gouvernement en 1688. eſt, à pluſieurs égards, l'époque la plus remarquable dans l'Hiſtoire de la Grande-Bretagne; mais ſur-tout relativement à l'objet de ces réflexions.

Les revenus publics ne montoient pas alors à plus de deux millions de livres ſterling de produit annuel. Cette ſomme étoit ſuffiſante pour défrayer la Couronne de ſes dépenſes ordinaires, entretenir une flotte, & tenir ſur pied plus de troupes qu'il n'en falloit pour la défenſe de la Patrie. Ces revenus étoient levés ſans aucune taxe ſur les terres ni ſur le *malt* (1), & au moyen d'une très-petite partie de ces droits innombrables qui ont été établis depuis, à la grande oppreſſion, ſoit des Marchands, ſoit des Propriétaires des fonds de terre. Ces mêmes droits ont été peu à peu ſi chargés d'hypotheques, que nous ſommes aujourd'hui hors

---

(1) Orge moulu pour faire la Bierre, & qui ſe vend au Marché comme les grains & autres denrées.

d'état de mettre un Bateau à la mer, ou une Sentinelle à la porte de Whitehall, ſans une taxe ſur les terres.

Le total des dettes publiques ne paſſoit pas de beaucoup trois cent mille livres ſterling. Elles montent aujourd'hui à quatre-vingt millions (1). Un changement ſi prodigieux dans la fortune nationale, comment a-t'il pû arriver? C'eſt l'objet d'une curioſité raiſonnable ſans doute, & qui peut devenir utile.

A peine monté ſur le Trône, Guillaume III. ſe vit engagé dans

---

(1) Sterling, ce qui fait environ 1800 millions de notre monnoye. Toutes les ſommes dont on fera mention dans la ſuite, doivent être évaluées ſur le même pied.

une Guerre néceſſaire contre la France. Il devoit ſoutenir la révolution qu'il avoit faite, & aſſurer le droit qu'il s'étoit acquis à la Couronne : droit établi ſur le meilleur de tous les titres ; le don volontaire d'un peuple qu'il avoit délivré du danger éminent de ſa deſtruction par le Papiſme & l'eſclavage. Cette Guerre put encore être jugée néceſſaire par plus d'une raiſon.

Depuis les Traités de Weſtphalie & des Pyrenées juſqu'à l'avenement du Roi Guillaume, le pouvoir & l'ambition de la France s'étoient accrus à un degré exorbitant. On n'avoit pas encore fait des efforts ſuffiſans pour réduire l'un, à peine pour y réſiſter ; point de mefures prifes, de préparatifs faits, pour fruftrer l'autre de fon grand objet, la fucceffion d'Efpagne. Ce fut à la révolution que l'on commença, trop tard, d'en prendre l'alarme. L'efprit de notre Cour changea : les yeux du peuple s'ouvrirent : tout le monde vit la néceffité d'agir de concert avec les Efpagnols pour affurer cette fucceffion à la maifon d'Autriche, & en éloigner celle de Bourbon, déja exclue par les engagemens les plus folemnels.

La Reine Anne monta fur le Trône à la veille d'une autre grande Guerre contre la France & l'Efpagne. Son Prédéceffeur fe difpofoit à la commencer lorfqu'il mourut. L'objet de ce Prince avoit été de procurer à l'Empereur quelque ſatisfaction raiſonnable pour une ſucceſſion, qui, par ſa faute, étoit déja perdue pour ſa famille.

Le Roi Guillaume, qui s'étoit engagé pour beaucoup plus dans la premiere grande alliance, ne ſeroit pas entré dans la ſeconde pour rien au-delà de ce que j'ai dit. Mais l'intérêt particulier des Miniſtres de la Reine, les intrigues de ſes Alliés & la témérité d'un parti dominant, entraînerent beaucoup plus avant cette Princeſſe. Il faut l'avouer, cet aſſerviſſement à la Cour de Vienne, qui nous a coûté ſi cher, commença ſous ſon regne, non ſous le précédent. Anne avoit néanmoins le cœur tout Anglois, tel qu'elle en faisoit profession. Guillaume, au contraire, fut accusé, injustement je croi, de trop d'égards pour des intérêts étrangers, & de trop peu pour ceux de la Grande-Bretagne.

Ce Prince ne fit pas heureusement la Guerre : & cependant si l'Empereur avoit pû se déterminer à faire passer son second fils en Espagne, du vivant de Charles II. Guillaume III. auroit réussi dans les deux objets de la Guerre. Quant au premier, il s'étoit maintenu sur le Trône, & avoit obligé la France à lui promettre de ne pas le troubler dans sa possession. A l'égard du second, les Traités de partage auroient été, dans ce dernier cas, entierement superflus. Lorsque la succession d'Espagne auroit été ouverte, nous n'aurions eu à faire rien de plus que de ſoutenir, avec le concours de toute l'Eſpagne, un Prince Autrichien, actuellement établi ſur les lieux avec une Armée Autrichienne, & déja déclaré héritier préſomptif. Nous n'aurions eu, de la ſorte, qu'une Guerre défenſive avec beaucoup d'avantage de notre côté : & les évenemens de la Guerre offenſive que nous fûmes enſuite obligés d'entreprendre, montrent aſſez quels auroient été les ſuccès de l'autre. Le Conſeil de Vienne nous expoſa, de gaieté de cœur aux plus grands déſavantages ; & le Roi Guillaume réſolut, en Prince ſage, de n'impoſer ni à ſa Nation ni à la nôtre, la dure tâche d'arracher toute la Monarchie d'Eſpagne des mains de Philippe. Il accommoda ſon ſyſtême aux circonſtances du tems. Son unique but étoit de forcer la France & l'Eſpagne d'en venir à quelque compoſition ſur les prétentions de la maiſon d'Autriche, ſur le commerce, ſur la barriere & ſur les moyens efficaces de prévenir l'union des deux Couronnes.

Voilà tout ce qu'il prétendit; mais les uns aimoient la Guerre, parce qu'ils eſperoient de s'enrichir par elle, d'autres ſe repaiſſoient eux-mêmes, & amuſoient le Public de vaines ſpéculations ſur une choſe très-réelle en ſoi, qui eſt la balance du pouvoir. Tous contribuerent à entraîner l'Angleterre & la Hollande dans des engagemens dont l'objet étoit de détrôner Philippe, & de mettre Charles à sa place. Nous avions cependant reconnu le premier : Nous savions que les Castillans lui étoient fermement attachés, & nous le voyions tranquille possesseur des Domaines Espagnols dans les deux Hémispheres. Flatés de vaines esperances d'une révolution en faveur de son Rival, & enflés du premier succès de nos armes, nous approuvâmes & nous soutînmes ces engagemens précipités, malgré l'absurde conduite de l'Empereur, & la sage réserve que le feu Roi nous avoit prescrite ; deux raisons qui auroient dû nous tenir sur nos gardes, & temperer du moins notre vivacité.

Il ſera peut-être à propos de placer ici une remarque faite par des Eſpagnols qui avoient reconnu Philippe V. en vertu du Teſtament de Charles II. mais qui cependant répugnoient à l'influence & à l'autorité que la France prenoit ſur eux. Ils obſervoient que Cromwel, en joignant contre l'Eſpagne ſes armes à celles de Louis XIV. l'avoit forcée à lui donner ſon Infante ; & que, par une nouvelle Guerre, nous voulions la faire tomber, un demi ſiécle après, dans une dépendance abſolue de cette Couronne.

La Cour de Vienne, avide d'acquerir les Domaines d'Italie, & aſſez indifférente ſur l'Eſpagne & les Indes, fit ſon profit de notre imprudence. Elle laiſſa tomber tout le poids de la Guerre ſur les Puiſſances Maritimes : elle fit pis encore ; non-ſeulement elle négligea les opérations de la Guerre en y contribuant peu ou point, excepté le nom d'Autriche & les prétentions de cette famille : elle ſacrifia le ſuccès de la Cauſe commune (ainſi l'appelloit-elle aſſez improprement) à tous les petits intérêts qu'elle crut devoir l'affecter plus immédiatement. Par cette conduite elle prolongea la Guerre, & augmenta toutes les autres dépenſes de l'Angleterre & de la Hollande, ſans en prendre ſur elle-même aucune portion qui valut la peine d'en parler.

Cette expérience fut en pure perte. Notre délire politique continua : il devint en quelque ſorte habituel, par les artifices employés au-dedans & par les victoires remportées au-dehors. La Guerre néanmoins languiſſoit malgré nos efforts ; le fardeau de l'Autriche devenoit pour nous plus lourd à porter à meſure que celui de l'Eſpagne ſe rendoit tous les jours plus léger pour la France. Les Caſtillans à la fin ſe trouverent en état de ſe défendre eux-mêmes, & les ſuccès de nos Ennemis dans ce pays-là leur ſervirent de compenſation pour nos victoires en Flandres.

Le détrônement de Philippe en faveur de Charles, étoit devenu évidemment un projet chimérique dès avant 1710. Il devint, l'année ſuivante, ſi peu raiſonnable, à la mort de l'Empereur Joſeph & à l'élection de ſon frere, qu'on ne put le croire ſérieux, même de la part des gens qui l'annonçoient avec tant d'éclat. S'il l'eût été, que pouvoit-on penſer du deſſein de placer la Couronne Impériale & celle d'Eſpagne ſur une même tête? Etoit-il rien de plus contraire à l'intérêt commun de l'Europe, & au principe fondamental de la grande Alliance?

Mais ſi nous ne pouvions conquerir l'Eſpagne par une Guerre, nous aurions pû du moins réduire par une paix le pouvoir exorbitant de la France. Nous aurions pû la dépouiller de cette barriere dans laquelle il conſiſte principalement, comme devoit alors l'entendre tout homme qui savoit ce qu'il disoit en parlant du pouvoir exorbitant de la France.

Nous aurions pû la laisser aussi ouverte aux incursions de ses voisins que ceux-ci l'avoient été à ses invasions; enfin, telle qu'on l'avoit vûe, lorsqu'un Prince Casimir ou tout autre Général des Reîtres pouvoit pénétrer, sans faire de siége ni donner de bataille, jusqu'au cœur de ses Provinces. Cependant nous ne voulûmes point exécuter ce dernier projet, parce que nous n'avions pû réussir dans le premier. Nous agissions & raisonnions comme si ce pouvoir n'avoit dû être abaissé dans une maison, qu'en élevant une autre famille au même degré

degré de puiſſance ; comme des gens enfin qui n'auroient jamais remonté aux ſiécles précédens pour y conſidérer les uſurpations, la tyrannie & la bigotterie que la maiſon d'Autriche avoit exercées, au faîte de ſa grandeur, & qu'elle exerceroit encore, ſi jamais elle y étoit rétablie.

Nous fûmes donc trompés dans nos grandes vûes politiques après vingt-cinq ans de guerre preſque ſans intervalle. Nous avions fait les derniers efforts pour renverſer le ſyſtême ambitieux & menaçant que la France s'étoit formé depuis la Paix des Pyrenées : & quoique le danger nous touchât de moins près que tous les autres Alliés, nous nous étions épuiſés pour le ſoutien de l'alliance.

Lorſque le Roi Guillaume entra ſur cette grande ſcène immédiatement après la révolution, l'état de nos affaires, tel que nous l'avons préſenté, nous auroit permis de ſoutenir ce Prince, même avec autant de profuſion, & peut-être plus efficacement, par une bonne économie. Nous en aurions trouvé des moyens ſuffiſans, dans les revenus alors exiſtans, dans une taxe ſur les terres, ſur le malt, & quelques ſubſides additionnels, qui tous, auroient été levés dans le cours d'une année.

Un plan de ce genre fut propoſé. On le reconnut pratiquable; mais il fut rejetté par une raiſon qui parut plauſible dans la ſpéculation d'un rafinement politique, & qui s'eſt trouvée pernicieuſe dans les conſéquences. Un nouveau Gouvernement, diſoit-on alors, établi contre les anciens principes, & au préjudice des engagemens actuels de pluſieurs ſujets, ne pouvoit jamais être aſſuré ſi efficacement, qu'en faiſant dépendre de ſa conſervation la fortune du plus grand nombre; ce qui, ajoutoit-on, ne pouvoit être exécuté qu'en engageant les Particuliers à prêter leur argent au Public & à accepter des ſûretés ſous la garantie du préſent établiſſement. Ainſi commença la méthode de créer des fonds & l'agiotage des actions. Ainſi furent fondées ces grandes Compagnies deſtinées en apparence au ſervice du Gouvernement, mais plus faites à certains égards pour lui donner la loi.

Je ne prétens pas déterminer ici jusqu'à quel point la sagesse de notre Législature auroit dû se précautionner contre les progrès de cette humeur dévorante qui avoit commencé de ronger nos entrailles pendant la premiere guerre. J'observerai seulement que *l'intérêt de Porte-feuille*, une fois établi, & tant de gens accoutumés à faire des profits immenses aux dépens du Public, il n'y a pas lieu de s'étonner si l'on suivit le même plan sous la Reine Anne. Nous n'y manquâmes point; & les dettes contractées pendant cette derniere Guerre, étant ajoutées à celles de la précédente, le total se trouva monter à un peu moins de cinquante millions.

Après avoir accumulé ces dettes immenſes, la Reine mit fin à la Guerre. Tant qu'elle continua on n'avoit pû faire la moindre tentative pour corriger ce ſyſtême, ſans jetter dans la confuſion toute la grande alliance. Mais elle eut un motif ſuffiſant de faire la paix auſſitôt après la mort de Joſeph. Quelques-uns des principaux Alliés déclarerent alors qu'ils ne conſentiroient pas que ſon frere Charles fût en même-tems Empereur & Roi d'Eſpagne. L'intérêt de la Grande-Bretagne exigeoit ſans doute qu'enfin nous détournaſſions nos regards du Continent pour les jetter ſur notre Iſle, & que nous miſſions à profit les circonſtances avantageuſes que cette Paix faiſoit éclore.

En effet, quelques préjugés qu'on ait voulu établir par les diſcours répandus dans le monde contre les Traités d'Utrecht ; du moins eſt-il certain que nous n'étions plus obligés après cette Paix de prendre part aux affaires du Continent, excepté dans le cas où l'intérêt immédiat de la Patrie l'auroit exigé. Il ne nous reſtoit qu'à ſaiſir les occaſions & les moyens de diminuer les taxes, de payer les dettes, & de ranimer le Commerce languiſſant.

Tel étoit ſans doute, le plan pacifique qu'on auroit dû ſuivre juſqu'à ce que nous euſſions pû réparer, du moins en partie, le déſordre de nos affaires, recouvrer quelques forces, & nous préparer à jouer dans les évenemens futurs, un rôle utile ou honorable. Que dis-je ? Si la France étoit encore trop puiſſante ; ſi les deux branches de la maiſon de Bourbon, unies par le ſang & par l'ambition, devenoient auſſi formidables pour la liberté de l'Europe, que l'avoient été autrefois les deux branches de la maiſon d'Autriche, c'étoit une raiſon de plus pour adopter ce ſyſtême. Il étoit d'autant plus facile de le mettre en exécution, qu'une longue minorité qui commençoit en France, & pluſieurs autres circonſtances du caractere & de la ſituation de cette Cour, y étoient extrêmement favorables.

Mais tel ne fut point par malheur

le but de notre politique. Le feu Roi, comme Electeur de Hanover, avoit raison sans doute de desirer l'acquisition des Duchés de Bremen & de Werden. Notre Nation y contribua de son argent & la soutint violemment par ses armes, quoique directement contraire aux engagemens que la Couronne avoit pris par la garantie de Guillaume III. au Traité de Travendahl. Cette acquisition devint le premier anneau d'une chaîne politique, par laquelle nous fûmes entraînés de nouveau, dans les tracasseries dispendieuses, dont nous éprouvons aujourd'hui les tristes conséquences.

Dès que le Roi eut acquis ces Duchés, il devint nécessaire pour lui de s'en procurer l'investiture. Je dirai ici (parce que je puis le démontrer) qu'on auroit pû l'obtenir (même en flatant l'Empereur de l'acquisition de la Sicile) par des moyens plus efficaces, plus conformes à l'esprit des précédens Traités, & plus compatibles avec la tranquillité publique, que ceux qui furent employés. La maison d'Autriche avoit sacrifié le succès de la Guerre à l'acquisition immédiate du Royaume de Naples. Nous sacrifiâmes tous les avantages de la Paix, aux moyens dont nous fîmes choix, pour lui procurer la possession de la Sicile. Le Traité de la quadruple Alliance avoit pour objet, disoit-on, l'accomplissement de celui d'Utrecht;

mais l'évenement démontra (& il fut aisé de le prévoir) que loin de l'affermir, il en renversoit le systême. Si nous avions voulu maintenir la neutralité de l'Italie, comme nous y étions obligés par les Traités, nous pouvions favoriser l'Empereur dans l'acquisition de la Sicile, en assurant à la maison de Savoye les successions éventuelles, que nous stipulâmes au profit de l'Espagne. L'intention du Traité d'Utrecht auroit été remplie, & la France, en y concourant, auroit prouvé qu'elle vouloit sincerement le repos de l'Europe. Mais, en devenant partie dans la quadruple Alliance, elle n'eut d'autre objet que de fournir à l'Espagne une occasion de réunir les anciens Domaines d'Italie. Notre Cour en fut grossierement la dupe, lorsqu'elle triompha de voir la France entrer dans la quadruple Alliance, & faire à l'Espagne une ombre de Guerre pour la forcer à y accéder.

C'est ainsi qu'on nous vit flater à grands frais l'ambition de l'Empereur, tant qu'on put esperer d'obtenir, pour Bremen & Werden, une investiture extraordinaire. Aussi-tôt qu'il n'y eut plus d'apparence, & qu'il fallut se réduire à la recevoir, sur le pied des précédentes, nous commençâmes à insulter ce Prince. On lui imputa des desseins qu'il avoit toujours désavoués, & que nous n'avions jamais prouvés. On se plaignit hautement de son ingratitude : on le menaça d'une Guerre ; & pour s'y préparer, on tint ſur pied, en Allemagne, une armée de Heſſois, payée avec la plus grande profuſion. Les mêmes gens, qui avoient tant déclamé que la France avoit été laiſſée trop puiſſante par le Traité d'Utrecht, & l'Europe, miſe en peril, par l'étroite connexion de cette Cour avec celle d'Eſpagne, ſe recrioient alors ſur le trop grand pouvoir de la maiſon d'Autriche, & ſur les grands dangers, auxquels on étoit expoſé par la bonne intelligence entre l'Empereur & le Roi Philippe. En un mot, notre politique n'étoit pas ſeulement variable, elle devenoit incompréhenſible, pour quiconque n'auroit connu que l'état intérieur, & l'intérêt propre de la Grande-Bretagne. Il auroit encore fallu être parfaitement instruit des différentes combinaisons d'intérêts étrangers, auxquelles on avoit subordonné le nôtre.

Dès que nos Ministres se furent une fois écartés du droit chemin de la politique nationale, la difficulté d'y rentrer augmenta tous les jours, & le desir s'en affoiblit à proportion. Nous continuâmes d'intriguer & de tracasser dans toutes les Cours de l'Europe. Nous y négociâmes contre l'Empereur, de concert avec la France, & nous lui fournîmes ainsi les moyens de regagner, dans l'Empire, du crédit & de l'influence; moins à la vérité, qu'elle n'en avoit eu jadis; mais plus qu'elle n'en auroit pû recouvrer ſans notre aſſiſtance. Nous trouvâmes le ſecret de rendre la paix au-dehors preſque auſſi couteuſe que la guerre, & nous ſouffrîmes au-dedans des abus de toutes les eſpeces. Le commerce ne fut ni encouragé, ni même ſoulagé; & le payement de nos dettes fut totalement négligé par un Miniſtre, plus intéreſſé à tenir ſa Patrie ſous cette oppreſſion, que court de vûes & de moyens pour l'en délivrer.

Cependant la France devint économe; elle rendit plus léger le fardeau des dettes qu'elle ne put payer; elle établit ſon crédit, elle étendit ſon commerce. En un mot, ſes forces augmenterent, & nous fûmes réduits à un état de foibleſſe que nous n'avions jamais éprouvé. Ce même état fut allégué, comme une raiſon, pour ſupporter avec patience les pertes que nos Marchands ſouffrirent, & les affronts que notre Gouvernement eſſuya; de peur, diſoit-on, d'être engagés dans une Guerre, en exerçant des repréſailles, quoiqu'autoriſées par le droit commun des Nations.

Quelle que fut notre foibleſſe, l'inſolence des Eſpagnols, la juſte impatience de nos Marchands, & la molleſſe même de notre Gouvernement, rendirent inévitable une Guerre par mer, peu de tems avant la mort de Charles VI. Cet évenement fit prendre les armes aux principales Puiſſances de l'Europe, mit en feu tout le Continent, & produisit une de ces conjonctures, où, soit par honneur, soit par intérêt, nous sommes obligés à prendre un parti; & pour lesquelles par conséquent nous devons toujours être préparés.

Il s'en falloit néanmoins de beaucoup que nous le fussions après vingt-sept ans de paix : & cependant, lorsque nous prîmes un parti, ce fut le plus onéreux, & le moins sensé. Nous avions d'abord joué sur mer, un rôle misérable, & nous n'en jouâmes pas un plus beau dans le Continent, pendant tout le cours de la Guerre. Je ne rappellerai ici, ni ce que nous fîmes, ni ce que nous négligeâmes de faire : & je souhaite pour l'honneur de ma Nation, que tout puisse être enseveli

enseveli dans un oubli éternel. J'observe seulement que nos Conseils sembloient être devenus les échos de *Trenck* & de *Mentzel*; ces Partisans, qui ne parloient de rien moins que de conquerir l'Alsace, les trois Evêchés, & de ravager la Champagne. Cependant de tous nos projets d'offensive sur le Rhin, aucun ne réussit. Nous déclinâmes néanmoins toutes les ouvertures de paix, & nous laissâmes transporter le fort de la guerre dans les Pays-Bas, au grand avantage de la France. Nous résolûmes de la faire, bon gré malgré les Hollandois, sur ce théâtre des exploits de Milord Marlborough, & nous fûmes battus par-tout où il avoit triomphé.

Chaque défaite dans cette guerre, comme chaque victoire dans la précédente, devint un nouveau motif pour la continuer : & cette conduite, dont on ne pouvoit rendre de raison plausible, fournit ample matiere à la médisance, ou, je veux le croire, à la calomnie. Enfin, quelqu'en fut le principe, nous continuâmes cette guerre sous de tristes auspices, si long-tems & si loin au-delà de nos forces, que nous étions à la veille d'une banqueroute, lorsque la France nous accorda miraculeusement les mêmes conditions qu'elle nous auroit accordées deux ou trois ans auparavant ; & cela dans le tems que ses troupes auroient pû, sans beaucoup d'obstacle, après la prise de

Maeſtricht, pénétrer juſques dans le cœur des Provinces-Unies : car notre derniere reſſource, l'armée Moſcovite, étoit encore trop loin pour nous aider à les défendre.

En faiſant ainſi la guerre dans les Pays-Bas, preſque à nos ſeuls dépens, & ſans apparence de ſuccès, notre deſſein avoit été de faire à la France une aſſez puiſſante diverſion, pour aſſurer l'Allemagne, & mettre l'Imperatrice en état de chaſſer de la Lombardie les François & les Eſpagnols. Nous nous ſacrifiâmes pour l'exécution de ces projets ; mais dans cette guerre, ainſi que dans la précédente, la Cour de Vienne ne ſacrifia rien. Depuis que les François avoient été forcés d'abandonner l'Allemagne (plus par les maladies de leurs troupes, & la mauvaise conduite de leurs Généraux, que par la force de ses armes) cette Cour sembloit ne faire la guerre, qu'autant qu'il convenoit à ses arrangemens. Ceux-ci paroissoient se réduire à dépenser le moins qu'on pourroit dans les Pays-Bas, à piller le plus qu'on pourroit en Italie, & à se faire bien payer les immenses subsides que nous donnions pour tous les deux.

Dans les Pays-Bas, nous fûmes toujours, de beaucoup, les plus foibles, par le peu d'exactitude de cette Cour à fournir sa quotte-part. En Italie, où nous avions jetté nous-mêmes, entre les bras de la France & de l'Espagne, les Genois, justemens indignés du Traité de Worms, nous perdîmes tout l'avantage de leur soumission après la bataille de Plaisance, par l'avarice insatiable & l'extrême brutalité des Autrichiens. Nous continuâmes cependant nos efforts de ce côté-là. Le Siége fictice de Gênes, les invasions infructueuses en Provence & en Dauphiné, n'eurent d'autre objet que de nourrir & d'échauffer l'enthousiasme de notre zèle.

Nos dépenses, dans toutes les parties de cette étrange guerre, particulierement aux Pays-Bas, devinrent énormes, parce qu'elles étoient arbitraires. Il ne faut, pour en être bien-tôt convaincu, que jetter les yeux sur les comptes de l'artillerie, des fourages, des Hôpitaux, & autres parties du ſervice. Les ſubſides parlementaires, depuis 1740. excluſivement, juſqu'en 1748. incluſivement, montent à 55 millions 522 mille 959 livres 16 ſchelings 3 ſols; & les nouvelles dettes, que nous avons accumulées, à plus de trente millions; c'eſt-à-dire, près de deux tiers au-delà de ce que la France en a contracté pendant cet eſpace de tems: ſomme qui paroîtra incroyable aux générations futures, & qui l'eſt preſque à notre ſiécle.

Trois réflexions peuvent encore ajouter à notre étonnement.

La premiere, c'eſt que la plus grande partie de cette ſomme immenſe a été accordée, ſous prétexte de la guerre, dans un tems où l'on n'avoit plus aucune raison de la continuer ; c'est-à-dire, depuis qu'il a été en notre pouvoir de faire une paix, au moins aussi bonne que celle qui a été faite ensuite. Je n'en fixe l'époque qu'à la fin de 1746. quoique j'eusse pû remonter plus haut, & peut-être sur des fondemens dont la solidité seroit incontestable.

En second lieu, les dettes, contractées dans le cours de la derniere guerre, excédent de beaucoup le montant des emprunts, faits sous le Roi Guillaume, pour soutenir celle de 1688. Ceux que fit la Reine Anne, pendant celle de 1701. ne montent pas non plus si haut, à beaucoup près. L'une

& l'autre cependant ont été plus longues : & non-seulement la seconde fut plus générale, mais encore nous fûmes obligés de la porter dans des pays, dont l'éloignement, & plusieurs autres circonstances, ne pouvoient manquer d'augmenter considérablement chaque article des dépenses extraordinaires.

Enfin, par nos négociations & par la derniere guerre, nous avons fait tomber, entre les mains de la maison de Bourbon, plus de possessions en Italie, que les François n'en demandoient, à Gertruidenberg, pour engager Philippe V. à abandonner l'Espagne & les Indes : on sçait qu'ils étoient prêts de faire ce sacrifice, à des conditions moins avantageuſes, & que Meſſieurs Buys & Vanderduſſen en avoient rendu compte aux Miniſtres des Alliés dans une de leurs aſſemblées.

Quelque fâcheuſe néanmoins que ſoit notre ſituation, ne perdons point encore courage. Ne pas déſeſperer de la République, eſt le caractere d'un vrai Patriote, (je donne ce nom à quiconque ſert fidellement ſon Prince & ſon pays.) Nous pouvons trouver un exemple de cette vertu dans un livre, qui eſt entre les mains de tout le monde, & qui, j'eſpere, n'eſt pas inconnu à la Cour. Ce ſont les Mémoires de Sully. Nous y voyons Henri IV. à peine ſort de la guerre civile, & de celle contre l'Espagne, tourner entierement son application sur tout ce qui pouvoit être utile & avantageux à l'interieur de son Royaume, quoiqu'il ne perdît point de vûe ce qui se passoit au-dehors. Est-il quelqu'un, Prince ou Sujet, qui puisse lire, sans éprouver les sentimens les plus tendres & les plus élevés, le discours qu'il tint à Sully, se croyant sur le point de mourir de la grande maladie qu'il eut à Monceaux ? » Mon ami, lui dit ce grand Roi, » je n'appréhende nullement la » mort ; vous le sçavez mieux que » personne, vous qui m'avez vû » en tant de perils, dont il m'é» toit si facile de m'exempter : » mais je ne nierai pas, que je » n'aye regret de sortir de la vie,

» ſans élever ce Royaume à la » ſplendeur que je m'étois pro- » poſée, & avoir témoigné à mes » Peuples que je les aime, comme » s'ils étoient mes enfans, en les » déchargeant d'une partie des im- » pôts, & en les gouvernant avec » douceur. «

La France étoit alors dans un état encore pire, que ne l'eſt aujourd'hui la poſition de l'Angleterre. Ses dettes plus peſantes, à proportion des tems, des moyens & des reſſources; pluſieurs des ſes Provinces entierement épuiſées, & toutes dans l'impuiſſance abſolue de ſupporter aucune nouvelle impoſition. Les revenus ordinaires ne produiſoient, rendus dans les coffres du Roi, que trente millions (1) argent net, quoique le Peuple en payât réellement cent cinquante, tant les abus étoient énormes dans la perception : ils n'étoient pas moins crians dans la dispensation des sommes levées. Le plan entier de l'administration, n'étoit qu'un systême de fraude. Tous ceux qui y étoient employés, voloient, à l'envi, le Public, depuis le premier jusqu'au dernier ; & les Conseillers même du Conseil des Finances, en donnoient l'exemple aux moindres Commis. Lorsque Sully fut seul chargé de la Surintendance, il vit avec hor-

(1) Cet article, & le suivant seulement, doivent être évalués sur le pied de la monnoye de France.

reur l'état des affaires. Il y avoit ſans doute de quoi jetter tout autre que lui dans le découragement; mais il ne déſeſpera point. Son zèle pour ſon Maître, pour ſa Patrie; & la vûe même de cet état déſeſperé, animerent ſes efforts. Il forma le plus noble & le plus beau deſſein qui fut jamais entré dans la penſée d'aucun Miniſtre. Il réſolut de réformer les abus, de réduire les dépenſes, & d'aſſurer, par une ſage économie, des fonds ſuffiſans, ſoit pour l'amortiſſement graduel des dettes publiques, ſoit pour l'exécution des grandes choſes qu'il avoit projettées: le tout, ſans ſurcharger le Peuple.

Il réuſſit dans tous les points.

Le Peuple fut promptement soulagé. On vit le commerce renaître ; les coffres du Rói se remplirent, & la Nation fut mise en état d'exécuer de grands desseins, toutes les fois qu'il se présenteroit de grandes occasions. Tel fut le fruit d'un ministere de douze ans, guidé par la sagesse, & réglé par la probité. Les effets auroient paru avec plus d'éclat dans de grandes entreprises, déja concertées contre la maison d'Autriche (plus formidable alors que celle de Bourbon ne l'a jamais été depuis.) Elle eût bien-tôt cessé de l'être, si Henri IV. n'eût peri par les coups d'un de ces Assassins, à qui la phrénésie de la Religion a mis plus d'une fois le poignard dans les mains.

Quand nous considerons, dans ces Mémoires, & dans les autres monumens du même tems, la déplorable situation où la France étoit réduite à la fin du seizieme siécle, nous éprouvons une partie de cette même horreur, dont Sully fut frappé. Nous voyons ce Royaume sur le point d'une banqueroute nationale, devenue presque inévitable, prêt à tomber dans la plus grande confusion, & menacé de sa ruine totale, si la conjoncture de la paix n'avoit été saisie & mise à profit, avec autant de célerité, que de sagesse & de vigueur. Ne devons-nous point considerer, dans le même point de vûe, notre état actuel? N'a-t'il pas infiniment davantage le droit de nous affecter ? Ne ſommes-nous pas auſſi près d'une banqueroute que la France le fut alors, & beaucoup plus qu'elle ne l'eſt aujourd'hui ? Le déſordre le plus affreux, le renverſement total de notre conſtitution, n'en ſeroient-ils pas les ſuites ? Et ſi nous craignons ſi fort l'ambition réunie des deux branches de la maiſon de Bourbon, que n'avons-nous pas à redouter, en reſtant dans l'état d'impuiſſance où nous ſommes réduits ? Croupirons-nous dans l'indolence ? Pourquoi n'imiterions-nous pas, dans l'incertitude des évenemens, les ſages précautions que la France prenoit alors contre le concert & l'union des deux branches de la maiſon d'Autriche ? Enfin, nous n'avons n'avons qu'un moyen de nous mettre en ſûreté ; c'eſt de ſonder, avec courage & fermeté, nos playes domeſtiques, d'en pénétrer la profondeur, & d'y appliquer inceſſamment, non de vains palliatifs, mais les plus puiſſans ſpécifiques. En prenant ce parti, loin de redouter les autres Puiſſances, nous pouvons, encore une fois, nous rendre formidables à nos Ennemis. C'eſt une détreſſe commune à nous & à nos voiſins. Ceux qui en ſortiront les premiers, doivent certainement donner la loi à tout le reſte.

On me dira peut-être, que nous n'avons pas de Sully parmi nous. Je ne prends pas ſur moi de décider ſi l'objection eſt fondée ; mais voici ma réponſe d'après Sully même : » Les bons Princes peu- » vent manquer aux bons Miniſ- » tres : ceux-ci ne manqueront ja- » mais à un bon Prince; « c'eſt au Souverain à en faire le choix avec diſcernement, à n'enviſager dans la préference, que les talens ſupe- rieurs, l'experience & l'intégrité, à les ſoutenir avec fermeté, com- me Henri IV. ſçut maintenir Sully contre la faveur des Maîtreſſes, les cabales des Courtiſans, & les factions qui diviſoient l'Etat.

Voici ce qu'on pourroit encore m'objecter. » Par la conſtitution » du Gouvernement de France, le » Roi eſt revêtu d'un aſſez grand » pouvoir, pour ſoutenir effica- » cement un Miniſtre qui entre-

» prendroit d'arrêter les progrès » de la corruption, de réformer » les abus, de rétablir l'ordre & » l'économie dans l'administration » des Finances. Mais, comment » la même entreprise pourroit-elle » être soutenue dans un pays, tel » que le nôtre, où le Ministre qui » l'auroit formée, seroit sûr d'a- » voir pour ennemis, & ceux qui » partagent depuis si long-tems » les dépouilles du Public, & tous » ceux qui se flatent d'avoir un » jour part au butin; où ces en- » nemis trouveroient des moyens » & des occasions de le supplan- » ter, même malgré la protection » de son Maître? Qui prendroit » alors sa défense? « Je réponds à cela, que ce seroit le Parlement.

Combien de Miniſtres avons-nous eu, auxquels on attribue, avec raiſon, pluſieurs calamités nationales, & à qui on ne peut faire honneur d'aucun avantage public ? Combien, dis-je, n'en a-t'on pas vû, qui ont été long-tems ſoutenus par la faveur du Souverain, & par le concours des deux Chambres ; concours produit par cette faveur même, & ménagé par l'intrigue du miniſtere ?

Quoi ! ces appuis auront ſuffi à un Miniſtre incapable ou malhonnête homme ! & les talens, la probité, avec la même faveur & une meilleure conduite, ſeroient comptés pour rien ! Je ne ſçaurois penſer ſi mal, même de notre ſiécle, quelque dégéneré qu'il puiſſe être.

Il l'eſt ſans doute ; mais j'ai vû des gens ſe plaindre de ſa corruption, qui en avoient été les premiers auteurs, & qui y cherchoient enſuite leur excuſe.

En effet, le pouvoir confié à un Miniſtre, ſous les prérogatives légitimes de la Couronne, ſuffiroit pour exécuter, dans le cours ordinaire des choſes, un plan de réformation & d'économie, ſi le Miniſtre en avoit réellement l'intention. Toutes les fois qu'il faudroit des pouvoirs extraordinaires pour des operations qui devroient l'être néceſſairement, dans un état tel que le nôtre; ou ils lui ſeroient accordés (& alors, ils ſeroient certainement efficaces) ou le refus retomberoit, non ſur le Miniſtre, mais ſur ceux qui les auroient refusés, & qui en répondroient à la Nation.

Quel en seroit l'effet? Les gens à Porte-feuille continueroient, il est vrai, de jouir d'un peu plus de revenu; mais leur fortune en resteroit plus précaire, & plus sujette à des revers futurs. Le Marchand & le Propriétaire des fonds de terre, continueroient, l'un son commerce, & l'autre sa culture, sans esperance d'aucun soulagement. Ils ne vivroient pas moins, quoique toujours dans la servitude, non-seulement de leurs créanciers légitimes, mais encore des usuriers & des agioteurs, sang-sues publiques, dont rien ne peut rassasier l'avidité. La Nation cependant tomberoit en langueur, déperiroit à vûe d'œil, & se verroit bien-tôt réduite à la derniere pauvreté. C'est à ceux qui l'ont mise si près de cette extrêmité, à montrer, que du moins ce n'étoit pas leur intention. Il ne leur en est resté qu'un moyen : c'est de concourir, avec zèle, à toutes les mesures, & seconder tous les efforts qui peuvent tendre à prévenir cette catastrophe.

Malgré la profusion immense, pour laquelle on a trouvé, dans la derniere guerre, tant d'occasions & de prétextes, nous aurions eu infiniment moins d'obstacles à surmonter, si nous n'eussions pas ressenti encore alors les suites fatales d'une administration précédente. On auroit pû, en effet, pourvoir aisément à l'acquit d'une partie de nos dettes, pendant le long cours qu'elle a eu : que dis-je ? quatorze ans, qui font environ les deux tiers de sa durée, auroient suffi pour les réduire à vingt millions. A ce prix, la personne, qui fut à la tête de cette administration, & qui en exerça seule tout le pouvoir, auroit acquis, à sa mémoire, un honneur immortel.

Nourrissons dans nos cœurs, cultivons, dans ceux de nos Citoyens, des sentimens plus élevés & plus dignes du Génie Britannique ! Plus notre détresse est extrême, plus le danger qui nous menace est prochain ; plus nos efforts doivent être grands, pour soulager l'une & éloigner l'autre. La

Narion eſt dans une criſe, qui doit abſolument tourner à la vie ou à la mort ; mais, pour la décider favorablement, il faut d'autres remedes que ceux des Charlatans, qui trouvent leur compte à pallier & prolonger les maladies. L'effet d'une telle méthode, feroit, dans notre cas, ou mortel, ou peut-être pire que la mort même. Il détruiroit entierement notre conſtitution ; & d'un mal accidentel, il en feroit une maladie habituelle & incurable.

Mais, dit-on, la diminution d'un ou deux ſchelings par livre, de la taxe ſur les terres (1), ſera,

(1) Pendant la guerre, cette taxe a été portée juſqu'à quatre ſchelings par livre, du produit des terres ; c'eſt-à-dire, juſqu'au cinquiéme.

pour cette année, un ſoulagement actuel. Ce qui manquera, pour le ſervice courant, au-delà des deux ſchelings reſtans, & des droits ſur le *malt*, ſera emprunté à trois pour cent ſur le crédit du fonds d'amortiſſement.

L'hameçon eſt tentant, & telle doit être toute diminution de taxes, pour ceux qui ont fléchi ſi long-tems ſous leur poids & leur nombre. Mais, j'oſe le dire, ce ne ſera jamais qu'un hameçon ; & ceux qui l'avalent aujourd'hui, auront lieu de maudire un jour leur imprudence. Ils éprouveront, que l'effet de ces meſures mitoyennes, eſt de rendre impoſſible toute diminution, un peu conſiderable, des dettes publiques ; ou de renvoyer cette operation à un terme ſi éloigné, que la proſperité, le ſalut même de notre Gouvernement, courroit grand riſque dans l'intervalle.

Je dis le ſalut, auſſi-bien que la proſperité : & quelques réflexions fort ſimples, quoique peu de gens prennent la peine de les faire, juſtifieront ce que j'avance.

A l'égard de la proſperité, perſonne ne diſpute que le commerce n'ait été la ſource de nos richeſſes, celles-ci de notre puiſſance, & que cette Iſle n'ait porté la ſienne au point de balancer les forces de la France. Si nous deſirons véritablement de revenir au même état, nous devons néceſſairement parcourir les mêmes degrés qui nous y avoient élevés. Quiconque dresseroit un plan, pour le payement de nos dettes, sans avoir égard, sur-tout au rétablissement de notre commerce, formeroit assurément un ridicule systême; mais ç'en seroit un aussi peu sensé, de projetter l'un & l'autre par des moyens qui les rendroient également impratiquables.

La nécessité de diminuer les taxes, afin de rétablir notre commerce, devient une bonne raison, non pour le but étrange, auquel on voudroit l'appliquer; c'est-à-dire, pour les diminuer immédiatement de moitié, en faisant retomber l'équivalent sur le crédit public; mais au contraire, pour accélerer toutes les operations, tendantes à diminuer nos dettes. Cette diminution produiroit celle de nos taxes, & rendroit, tous les jours, plus faciles celles qui resteroient à faire. Mais si nous differons trop long-tems ces operations nécessaires, nous ne serons jamais en état de les exécuter.

La paix même, avec nos voisins, ne nous fournira pas les moyens de reprendre des forces, à mesure qu'ils recouvreront les leurs. Ils ont, en effet, beaucoup souffert des guerres précédentes, & la derniere les a épuisés, quoique peut-être moins que nous. La France, par exemple, a contracté, dans le cours de celle-ci, deux tiers moins de dettes que la Grande-Bretagne. (Ce calcul est fondé sur de bonnes autorités.) Elle s'eſt trouvée en état d'aſſigner des fonds pour payer régulierement l'intérêt de ces dettes, & amortir, chaque année, une partie du principal.

Je ne ſuis pas auſſi-bien inſtruit de l'état actuel des Finances d'Eſpagne ; mais les tréſors des Indes, verſés journellement dans le ſein de cette Monarchie, ne peuvent manquer de les rétablir. On a même commencé depuis aſſez long-tems, & on s'occupe tous les jours, à tirer ce Peuple de l'indolence où il croupiſſoit, & de l'ignorance dans laquelle il étoit plongé. Cette Cour paroît s'appliquer à augmenter ſa Marine, à améliorer ſon commerce, & même à établir, dans ſon pays, pluſieurs ſortes de Manufactures.

Quant au ſalut de la Nation, nous devons obſerver ici, combien le ſyſtême préſent de l'Europe eſt moins favorable aujourd'hui, à nos intérêts & à nos vûes politiques, qu'il ne l'étoit, lorſque nous entreprîmes de le corriger. L'Eſpagne étoit ſur le point de tomber entre les mains de la France; mais elle n'y étoit pas encore tombée à la fin du dernier ſiécle : & quoique la Nation, auſſi-bien que la Cour, eût offert la Monarchie à un Prince de la maiſon de Bourbon, pour en prévenir le démembrement, une longue habitude d'hoſtilité la tenoit encore aſſez éloignée de tout ce qui étoit François. La fortune & nous, avons ſi bien fait, à la fin, que ſoit coutume, ſoit intérêt, ces deux Nations ſont aujourd'hui étroitement unies, & l'Eſpagne, plus que jamais, aliénée de nous. Les preuves en ſont récentes ; & je crains qu'elles ne ſoient renouvellées tous les jours.

Les frontieres de la France ont été le plus grand ſoutien de ſon pouvoir exorbitant, comme les ſages Politiques le prévirent, il y a quatre-vingt ans, lorſque Louis XIV. commença d'élever ce mur d'airain, qui s'étend depuis les Alpes, juſqu'à l'Océan. Cette frontiere eſt à préſent plus ſerrée que jamais, par l'acquiſition de la Lorraine. Des branches de la maiſon

de

de Bourbon, ont pris racine en Italie, auſſi-bien qu'en Eſpagne. La France a appris, par experience, à établir, à maintenir ſon crédit, & à étendre ſon commerce. Pour le protéger & le ſoutenir, ſon attention paroît tournée, plus que jamais, à l'accroiſſement de ſes forces maritimes; forces qu'elle pourra toujours déployer avec de grands avantages ſur nous, à certains égards; j'entends l'ordre, l'économie, & une étroite diſcipline.

L'Empire entier, excepté Baviere & Cologne, étoit au tems dont nous parlons, attaché à nous par inclination, autant que par intérêt. Les choſes ont bien changé depuis: j'oſe le dire, & il eſt trop vrai, l'influence de la France en Allemagne, n'eſt gueres inférieure à celle dont cette Couronne fut en poſſeſſion, tant que la ligue du Rhin ſubſiſta.

La République de Hollande, notre meilleure alliée, & en quelque ſorte la barriere de la Grande-Bretagne, eſt dans un état de diſſolution, & n'a plus, au-dehors ni au-dedans, dans les conjonctures ni dans les caracteres, les mêmes reſſources qu'elle avoit trouvées, dans pluſieurs occaſions, depuis ſon établiſſement.

C'eſt dans ce point de vûe que nous devons enviſager notre ſituation, par rapport à tout ce qui nous environne. Il nous préſente dans tout ſon jour, la néceſſité de payer, du moins, une bonne partie de nos dettes, & de rétablir sur un certain pied, les richesses & la puissance de notre Nation. Il nous montre combien il seroit difficile, sans avoir pris ces précautions, de maintenir la dignité de la Grande-Bretagne, de la faire respecter au-dehors, & de la garantir des injures, ou même des affronts de ses voisins. Tout cela peut paroître facile (je le sçai) à de certaines gens. Mais sûrement il ne le paroîtroit pas à Burleigh, ni à Walsingham, s'ils revenoient au monde ; eux qui eurent de si grands succès sous le régne d'Elizabeth, en faisant beaucoup, à peu de frais, & employant la force bien moins que la conduite.

Ces réflexions, & celles qui en dérivent naturellement, prouvent évidemment, que la prosperité & le salut de la Patrie, dépendent d'une diminution prompte & considerable de nos dettes nationales. Nul autre préservatif ne peut nous assurer contre des évenemens, dont les conséquences feroient fatales à tous les deux.

Une experience récente, nous a montré combien nous sommes devenus peu propres à tous égards (excepté le courage de nos Soldats & Matelots) à nous engager dans une nouvelle guerre. C'est pourquoi nous ne devons, ce me semble, nous l'attirer, ni trop tôt, ni trop aisément; mais on peut nous la faire, sans que nous allions la chercher dans le Continent. Que dis-je ? nous pouvons être réduits à la fâcheuſe alternative, ou d'augmenter tous les ans notre dépenſe, pour défendre nos droits, protéger notre commerce, & ſoutenir la dignité de notre Couronne, ou de reſter les bras croiſés, & de ſacrifier tout cela. Je ne croi pas aſſurément (& à Dieu ne plaiſe) que nous prenions jamais ce dernier parti ; & cependant nous aurons plus de difficulté que jamais à réuſſir dans le premier. Notre ſituation préſente, eſt infiniment plus triſte que les conjonctures où nous nous ſommes trouvés autrefois, & nous aurions bien de la peine à tenter aujourd'hui, ce qui fut alors honteuſement négligé,

Nous ne pouvons plus à présent, jusqu'à ce que nos dettes soient acquitées, augmenter nos dépenses; & nous ne le pourrons pas davantage, à l'avenir, sans hypothequer le reste du fonds d'amortissement; ce qui nous ôteroit bien-tôt toute esperance de payer jamais un sol de ces dettes, & ne nous laisseroit plus rien à engager, que la taxe sur les terres & sur le Malt. Si, au contraire, une partie considerable de ces dettes étoit acquitée, avant qu'une nouvelle guerre s'allumât ou que nous fussions réduits à l'alternative dont j'ai parlé, nous nous trouverions en meilleur état, soit d'attaque, soit de défense; & aussitôt après que le danger seroit passé, nous reprendrions, avec plus de ſûreté, la ſuite de nos operations ſur le grand objet de nos intérêts domeſtiques.

Ces conſiderations ne peuvent manquer leur effet ſur quiconque ſera capable de combiner le paſſé avec le préſent, de réflechir ſur l'un, d'obſerver l'autre, & de juger de l'avenir par tous les deux. Les ſeuls remedes efficaces, peuvent paroître violens ; mais ſi nous ne ſommes en état de ſupporter ni la maladie, ni la cure, il faut abſolument que le corps politique periſſe. Ce miſerable état pourroit nous jetter dans des meſures qui exciteroient juſtement l'indignation publique. Mais cette indignation ſe tourneroit contre ceux qui nous y auroient réduits, & n'auroit jamais pour objet, les vrais Citoyens qui travailleroient à nous en tirer.

Tel eſt le langage de la raiſon, dicté par un cœur patriote ; mais l'intérêt particulier, l'eſprit court, & des vûes étroites, doivent en ſuggérer un tout different.

Les gens à Porte-feuille ſe plaindront fort haut d'être expoſés ſans ceſſe à de nouvelles réductions d'intérêt, qui n'ont ſervi à autre choſe, qu'à nourrir ſucceſſivement la profuſion de pluſieurs Miniſteres. En effet, ſi l'abus devoit continuer, leurs plaintes ſeroient fondées, & la dureté, à leur égard, intolerable. Il ſeroit donc juſte, que ni eux, ni les Propriétaires des fonds de terre, ne fuſſent obligés de donner leur consentement, les uns à la réduction de l'intérêt, les autres à la continuation des taxes, sans être assurés, de la maniere la plus forte, que le tout seroit employé à sa véritable destination. Malgré toutes ces précautions, il y auroit encore des murmures. L'on ne manqueroit pas de nous représenter pathétiquement la triste condition de la veuve & de l'orphelin, dont la petite fortune se trouve toute entiere dans les fonds publics. La réponse seroit bien simple. Si la veuve & l'orphelin, qui ont tout leur bien en porte-feuille, souffrent par la réduction de l'intérêt; la veuve & l'orphelin, dont le patrimoine est tout en fonds de terre, ne souffriront pas moins par la continuation des taxes. C'eſt un mal commun, inévitable. Les uns & les autres auroient également leur part dans la calamité publique.

Mais il eſt trop vrai que la foible voix de la veuve & de l'orphelin, ne ſe feroit pas beaucoup entendre. Le grand bruit ſeroit fait par d'autres, moins dignes d'être écoutés ; les Agioteurs, les Uſuriers, les Chefs de nos grandes Compagnies octroyées, tous gens nés pour ſervir & pour obéir, mais accoutumés, depuis long-tems, à ſubjuguer, même le Gouvernement. Ce ſeroit eux qui *rugiroient*, comme des lions dévorans, & qui, par des intrigues ſourdes, s'éforceroient en même-tems de renverſer tous les projets salutaires qu'on pourroit former. Tel feroit celui d'émanciper le Gouvernement, en le tirant de dessous leur tutelle, & de rendre enfin l'Echiquier (1) ce qui devroit être, c'est-à-dire, la grande source du crédit national, & le centre commun de toutes les transactions, relatives à la recette, ou à la dépense des deniers publics.

Que ces Créanciers de l'Etat apprennent cependant à se soumettre au tems, & à raisonner, comme fit le vieux *Bateman*, lors de la réduction de 1717. » Je suis bien » aise, dit-il à Milord Stanhope (2)

(1) Ou Trésor Royal.

(2) Alors dans le Ministere.

» de la résolution que vous avez » prise : Si mon intérêt diminue, » je crois mon capital plus assuré » que jamais. « Après tout, ces plaintes devroient faire peu d'impression sur un Ministre habile. Il n'ignoreroit pas que ces sortes de gens ont pû être employés, tant qu'il a fallu contracter, tous les ans, de nouvelles dettes, & que le Public, ainsi qu'un dissipateur extravagant, a été obligé de passer, aux conditions les plus dures, par les mains des Usuriers ; mais qu'ils n'ont jamais dû être consultés, lorsqu'il seroit question, en payant ces dettes, de délivrer le Public de leur oppression. Il sçauroit enfin, que la fermeté, soutenue du pouvoir, viendra toujours à bout de leur résistance : il leur feroit sentir qu'on n'est obligé de garder aucunes mesures dans le traitement qu'on leur fait, s'ils n'en gardent dans leur conduite, & il poursuivroit, avec courage, l'honorable dessein de rendre à jamais indépendante de leurs manœuvres, son administration, & celle de ses Successeurs.

On auroit encore à combattre deux oppositions très-fortes. L'une, du côté de la Cour ; l'autre, de la part des habitans de la campagne : & de ces deux, je craindrois fort que la moins plausible ne fût la plus redoutable.

Le Possesseur des fonds de terre trouveroit fort dur qu'on ne le laissât point jouir de quelque soulagement, après avoir porté le poids du jour & de la chaleur, pendant tout le cours d'une paix dispendieuse & d'une guerre ruineuse. Il prendroit pour une imposture, ou du moins pour un paradoxe, tout ce qu'on sçauroit lui dire, pour lui persuader qu'une diminution immédiate de la taxe sur les terres, seroit contraire à son véritable intérêt. Il raisonneroit, comme ses Fermiers, toujours effrayés d'une dépense présente, quelque médiocre qu'elle soit, quoiqu'un profit considerable, mais éloigné, doive certainement les en dédommager. Mais que ce Propriétaire regarde derriere lui, & prenne leçon du passé! Il verra que flaté par des diminutions paſſageres de la taxe ſur les terres, il a fermé les yeux à la profuſion des deniers publics, & que les dettes, contractées dans ces courts intervalles, lui ont plus coûté, que n'auroit fait la continuation des taxes ſur le même pied. Si nous remontons aux dix premieres années du régne de Sa Majeſté, nous trouverons cette vérité démontrée d'une maniere bien remarquable.

Qu'après avoir regardé derriere lui, il porte de nouveau ſes vûes dans l'avenir; il trouvera que toute diminution de la taxe ſur les terres, doit néceſſairement être remplacée, ou en prenant l'équivalent ſur le fonds d'âmortiſſement, ou en l'empruntant, au moins à trois pour cent ſur le crédit de ce même fonds ; que l'effet de ces expédiens, eſt également de retarder, ou même d'empêcher le payement d'aucune partie conſiderable de nos dettes ; que par-là il s'expoſe à voir retomber ſur lui le fardeau entier de la taxe, à la premiere occaſion réelle ou prétendue. Ainſi, après un court relâche, il ſe trouvera ſurchargé du poids additionnel d'une nouvelle dette. C'eſt, en effet, tout ce qu'il peut gagner, en refuſant de ſupporter, encore un peu de tems, pour l'amour de lui-même, & pour l'objet le plus important, ce qu'il a ſouffert, pendant pluſieurs années, pour l'amour des autres, & pour le ſoutien d'une guerre, ſans apparence de de succès. Car, il faut l'avouer, il n'y en a plus eu à esperer pour nous, depuis que les François furent batus à Dettinghen.

D'un autre côté, si ce Propriétaire est assez sage pour desirer que les quatre schelings par livre soient encore continués quelques années, il aura sa part dans le bénéfice commun qui résultera de la diminution des dettes, de l'affermissement du crédit public, de l'avancement du commerce & du rétablissement de la prosperité nationale. Il pourra se flater de l'esperance consolante d'un avenir, dans lequel, lui ou sa posterité, ne seroit obligé de consentir, en tems de paix, à aucune taxe sur les terres; puisqu'en suivant cette méthode, le produit annuel des autres fonds, deviendroit tôt ou tard suffisant pour défrayer le Gouvernement de ses dépenses ordinaires. Il trouveroit d'ailleurs, dans les conséquences de ce systême, un avantage qui le dédommageroit amplement de ce que son exécution auroit pû lui coûter.

Ceux des droits établis sur les denrées nécessaires à la vie, sur les boissons, sur les douannes, qui sont les plus durs à payer pour les pauvres Ouvriers, ou qui gênent nos propres Manufactures, pourroient être réduits peu à peu, du moins en partie, sans interrompre les operations nécessaires pour l'acquit des dettes nationales; & quoique le Propriétaire ne soit affecté d'aucune impoſition, autant que de la taxe ſur les terres, il s'appercevroit bien-tôt qu'une diminution de prix ſur tout ce qui ſert à ſa nourriture ou à ſon vêtement, ſeroit une compenſation abondante & perpétuelle, de ce qu'il auroit débourſé, pendant quelque tems, par la continuation de cette taxe. Enfin, il gagneroit, non-ſeulement par cette épargne, mais encore par l'amélioration de ſon bien. Car le ſyſtême des richeſſes de la Nation & celui de ſa proſperité, n'en forment qu'un ſeul, avec la fortune des Particuliers, par leur connexion intime & indiſſoluble.

Le Courtiſan, ſans doute, ſe plaindroit encore plus haut, mais d'un ton d'autorité & d'importance, que tout retranchement ſur nos dépenſes, feroit plus de tort par ſes conſéquences, que de profit par les épargnes qui en réſulteroient. Mais il ne me paroît pas difficile de démontrer que trois ſchelings, ou trois & demi, par livre, ſur la taxe des terres (en laiſſant le reſte des quatre ſchelings, pour le fonds d'amortiſſement) ſeroient en tems de paix, plus que ſuffiſans pour fournir à toutes les dépenſes néceſſaires. Un homme ſage peut faire beaucoup avec peu : il n'y a ni fripon ni ſot, qui, avec beaucoup, ne ſoit toujours prêt à faire peu de choſe.

La bonne politique conſiſte, ſur-tout, dans deux ſortes d'économie, que j'appellerai la grande &

la petite. Le but de la premiere, eſt de fixer une proportion entre nos dépenſes, notre poſition & celle de nos voiſins, avec la plus grande épargne que ces circonſtances combinées puiſſent nous permettre. L'objet de la ſeconde, eſt d'établir l'ordre le plus précis & la régle la plus étroite, dans la diſpenſation du tréſor public, depuis les premiers, juſqu'aux derniers emplois de l'Etat. Il eſt toujours, pour nous, de la derniere importance, mais plus à préſent que jamais, de pratiquer également ces deux ſortes d'économie. Notre bien-être, notre ſureté-même, en dépendent uniquement. Si nous ne payons pas nos dettes, nous ſuccomberons ſous le fardeau : Et si nous l'entreprenons, sans nous assujettir à cette pratique, la ridicule figure que j'ai vûe dans une estampe Hollandoise, deviendra l'emblême de notre conduite. *C'est un homme qui se donne bien de la peine pour faire une corde de foin, qu'un âne mange par un bout, à mesure qu'il travaille de l'autre.*

L'économie la plus exacte, fut un des moyens mis en œuvre par le grand Ministre dont j'ai parlé ci-dessus : Et le succès qu'il eut, dans des circonstances pareilles aux nôtres, doit nous encourager à suivre son exemple dans cette partie. Mais il se servit d'un autre expédient aussi salutaire, & qui le seroit pas moins pour nous, dans notre position présente, je veux dire la réforme des abus.

Sully fit, de cette réforme, un fonds confiderable pour le payement des dettes publiques. Si nous pourrions l'entreprendre avec autant d'effet que lui, c'eſt ce que je n'oſe décider. Du moins eſt-il certain qu'une telle réforme mettroit, pour l'avenir, à un très-bas prix, tous les ſervices & fournitures qui ſe font pour le Gouvernement : Et l'épargne eſt toujours le bien le plus ſûr.

On pourroit aiſément raſſembler des matériaux, non pour une feuille volante, mais pour un traité régulier, diſtingué par chapitres, des abus & de la corruption qui prévalent parmi nous dans chaque partie du ſervice public, ainſi que de leurs conſéquences. Je ne ſçais trop pourquoi quelqu'un n'entreprendroit pas un ouvrage de cette nature, quelqu'odieux qu'il puiſſe paroître. C'eſt peut-être un devoir, ſi l'on perſiſte à ne rien faire ni pour réprimer ces abus, ni pour arrêter cette corruption.

On les vit, dès long-tems, ſe gliſſer & s'inſinuer, en rampant, dans l'adminiſtration; mais depuis un certain période, ils ont paru à découvert & avancé à grands pas. On a pû voir autrefois la fraude tolerée, peut-être encouragée, & la corruption répandue par des gens en place, qui avoient, pour la plûpart, plus d'ambition, que d'avarice; & qui, par ces moyens, formoient un parti redoutable, propre à maintenir leur pouvoir. Mais par la ſuite des tems & l'enchaînement des conjonctures favorables, la contagion gagna plus haut, & s'étendit plus loin. Les principaux de la Nation, devinrent complices des fraudes les plus criminelles. Les plus grands de ceux qui gouvernoient, & les plus petits de ceux qui étoient gouvernés, contribuerent, chacun dans ſon rang, à la rapine univerſelle. La plus grande friponnerie, en particulier, dont on puiſſe jamais trouver d'exemple, ce fut celle, je croi, à laquelle on fit ſervir de prétexte, les arrérages de ſubſide ou de paye, dûs à des Princes alliés, ou à des troupes étrangeres.

Je ſens ce qu'on peut m'oppoſer ici : c'eſt que le tableau même que je viens de tracer, de la corruption de notre ſiécle & de notre Nation, préſente un obſtacle inſurmontable, & rend impratiquables toutes les idées que j'ai propoſées. On me demandera où eſt l'apparence de voir naître un eſprit patriotique & déſintéreſſé, parmi des gens qui n'ont d'autre principe que leur intérêt particulier, qui ſe regardent plutôt comme Individus que comme Citoyens, qui ſont la proye les uns des autres &, quoique dans un état de ſociété civile, reſſemblent beaucoup plus aux hommes de *Hobbes*, tels qu'il les ſuppoſe dans l'*état de pure nature*. J'avouerai, à mon grand regret, que l'entrepriſe eſt difficile ; mais par cela même, on en eſt plus obligé de la tenter. Si rien de moins ne peut nous ſoulager du poids énorme de nos dettes, ni en prévenir les funeſtes conſéquences, toute tentative qui aura pour but d'exciter cet eſprit de patriotiſme & d'encourager ces meſures indiſpenſables, quelque foible qu'elle puiſſe être, celle-ci même que j'ai faite, eſt digne de louange.

Les Poſſeſſeurs des fonds de terre, ſont les vrais Propriétaires de notre vaiſſeau politique. Les gens à Porte-feuille, conſiderés comme tels, n'y ſont rien de plus que des paſſagers. C'eſt donc aux premiers qu'on doit adreſſer toutes les inſtances les plus pathétiques ; c'eſt à eux à donner l'exemple : Et quand ils le feront, ils sont en droit de s'attendre que les passagers contribueront de leur part au salut du bâtiment. Si ceux-ci le refusent, on doit leur déclarer, qu'il y a une loi en faveur du Public, plus sacrée & plus ancienne que tous les actes, aux termes desquels ils voudroient s'exempter d'une réduction d'intérêt, & par conséquent d'aucun remboursement de leur principal, quoique l'une & l'autre soient également indispensables, pour rétablir la prosperité de la Nation, & pourvoir, en même-tems, à sa sûreté. La loi que je veux dire, datée de l'établissement de la Société politique, dictée par la raison & par la nature, décide » que la conservation de

» l'Etat, est au-dessus de toutes les » Loix. «

Cette coopération des deux intérêts; sçavoir des fonds de terre & des fonds publics, une fois établie, le chemin s'applanira, & nous présentera, tous les ans, une perspective plus prochaine, comme plus riante. Le seul aspect produira pour nous, les plus grands avantages, soit au-dedans, soit au-dehors. Nous nous en appercevrons à l'augmentation de notre crédit, à la confiance de nos amis, & au respect de nos ennemis; respect qui sera dû à un Peuple, qu'on verra déployer tant de vigueur au milieu d'une si grande détresse, & prendre des mesures efficaces pour rétablir ses forces &

relever ſa dignité, plutôt que de languir dans l'impuiſſance & le mépris.

Quiconque n'eſt point enflammé par de ſi grands motifs, ne peut avoir ni élévation dans l'eſprit, ni amour pour ſa Patrie, ni égard pour la poſtérité, ni la moindre teinture de cette vertu civile, qui diſtingue un bon d'un mauvais Citoyen. Je ſçai que la futilité, l'ignorance, & tous les genres de vices, dominent généralement ; mais je ſçai auſſi que leur empire n'eſt pas encore univerſel : c'eſt pourquoi je ne déſeſpere point. Quoi qu'il en ſoit, le mérite de préſerver ſa Patrie de la mendicité, n'eſt gueres inférieur à celui de l'avoir ſauvée de l'eſclavage. Ceux, donc, qui voudront s'engager dans une ſi bonne cauſe, & la ſoutenir avec fermeté, pour garantir leur Nation de la miſere, de l'oppreſſion & de la confuſion ; ceux-là, dis-je, s'ils ſuccomboient dans une ſi noble entrepriſe, mériteroient mieux le titre de *derniers des Bretons*, que l'Uſurier Brutus & l'Exacteur Caſſius, n'avoient mérité celui de *derniers des Romains*.

Ce qui ſuit dans l'Original eſt peu different de ce qu'on a lû au commencement ſur la conduite de la Cour de Vienne, dans la Guerre de 1701. & qui ſe trouve encore plus étendu dans les Lettres de l'Auteur, ſur l'étude & l'usage de l'Histoire. On supprime ici une nouvelle énumeration des fautes ou des omissions, qui, dans cette conduite, ont été onéreuses aux Alliés de la maison d'Autriche, & pernicieuses même à ses vrais intérêts. Mais pour prévenir toutes les cousequences abusives qu'on auroit pû tirer de cet exposé, Milord Bolingbroke y avoit joint, par forme d'éclaircissement, les Reflexions suivantes.

Ces faits sont suffisans pour démontrer combien la politique mal entendue de la Conr de Vienne a été à charge à ses Alliés pendant plus d'un demi-siécle, & contraire au au grand dessein, dont la poursuite a tant coûté de sang & de trésors à la Grande-Bretagne.

De ces faits, & de plusieurs autres qui les ont suivis, bien des gens pourroient inferer que l'expérience nous auroit appris à négliger les intérêts de la maison d'Autriche, & à regarder d'un œil d'indifférence, tout ce qui pourroit désormais se passer dans le Continent. Mais de telles conclusions seroient assurément très-fausses. Le principe de notre conduite étoit judicieux : l'erreur a consisté dans le choix ou dans l'usage des moyens, & dans la méthode de l'exécution. Ce fut notre négligence, relativement à l'intérêt général de l'Europe, depuis le Traité des Pyre-

jusqu'à la révolution de 1688, qui fournit long-tems à la France les occasions & les facilités dont elle avoit besoin pour élever l'édifice de son pouvoir exorbitant. C'est dans notre zèle peu éclairé ; c'est dans un asservissement étrange à des intérêts particuliers, qu'il faut chercher la cause de l'épuisement où nous sommes tombés, & du mauvais succès de nos efforts pour le bien public. Voilà ce qu'il est en notre pouvoir de corriger. Quant au fondement principal de notre politique, il n'est susceptible d'aucun changement, tant que le partage du pouvoir & des possessions subsistera en Europe sur le même pied. Nous sommes, il est vrai, comme retranchés dans notre Isle, & trop ſéparés de tout le reſte, pour être des premiers à trembler ; mais ſi quelque Puiſſance devenoit aſſez ſuperieure pour donner la loi au Continent, j'appréhende fort que nous ne fuſſions obligés de la recevoir auſſi, ou que du moins notre indépendance n'en fût conſiderablement alterée.

Nos Ancêtres craignirent, avec raiſon, le pouvoir exceſſif de la maiſon d'Autriche ; celle-ci prit avantage des prétentions de Marie Stuart, quoique priſonniere, pour troubler notre tranquillité, juſqu'à tenter même d'envahir l'Angleterre. Celle de Bourbon peut, à cet égard, ainſi qu'à pluſieurs autres, nous donner les mêmes ſujets de crainte : Il eſt donc très-clair que notre intérêt eſt d'entretenir la rivalité entre ces deux maiſons; & pour cet effet, de ſoutenir la premiere contre celle-ci; autant que pourra l'exiger, non l'ambition particuliere de la Cour de Vienne, mais la cauſe commune de l'Europe; & autant que l'état de la Nation pourra nous permettre de proportionner nos ſecours, ſoit aux beſoins, ſoit aux conjonctures.

Telles ſont les meſures & les régles de proportion, deſquelles ſeules il faut partir pour fixer le point où deux Etats doivent s'unir par des alliances, & pour évaluer les ſecours réciproques qu'ils peuvent être dans le cas, ou de fournir, ou d'exiger. Il eſt un amour-propre politique, comme un amour-propre naturel ; & le premier doit être un principe d'action, aussi déterminant par-tout où il s'agit d'un intérêt public, que l'autre est décisif dans les cas où il est question d'un intérêt particulier. J'ai souvent oüi dire d'un homme en place, qu'il étoit *ami* ou *ennemi* de la maison d'*Autriche*, ou de la maison de *Bourbon*. Mais de pareilles expressions ne peuvent, en général, être dictées que par la passion & le préjugé ; Comme les sentimens qu'elles supposent, doivent, s'ils sont réels, avoir leur source dans les mêmes causes, ou, ce qui est bien pis, dans la corruption. Un Prince sage, une Nation éclairée, n'a pour d'autres

Etats que les égards fondés fur la *coincidence* ou la répugnance de leurs divers intérêts ; & ces égards, par conféquent, varient, comme ces intérêts, dans la fluctuation des affaires du monde. Ainfi, dans le feizieme fiécle, la Reine Elizabeth foutint la maifon de Bourbon contre celle d'Autriche : ainfi, dans le dix-huitieme, la Reine Anne embraffa la querelle de la maifon d'Autriche contre celle de Bourbon. De ces deux entreprifes, l'une fut dirigée par un confeil plus fage ; l'autre a été pouffée avec de plus grandes forces. Mais, quelle trifte difference ! la premiere nous avoit enrichis ; la derniere nous a ruinés

N. B. *Ces Considerations*, dit l'Editeur Anglois, *furent écrites jusqu'ici en* 1749; *mais elles n'ont jamais été finies.*

FIN.

www.ingramcontent.com/pod-product-compliance
Ingram Content Group UK Ltd.
Pitfield, Milton Keynes, MK11 3LW, UK
UKHW021548260726
13993UKWH00002B/698

9 782329 227078